CLAN 7

con
¡Hola, amigos!

Nivel 1

Edi
numen

Clan 7
© **Editorial Edinumen**, 2013
© **Autores:** María Gómez, Manuela Míguez, José Andrés Rojano y Pilar Valero
© **Autora canciones, letra y música:** M.ª Idoia Sáez de Ibarra
Coordinadora: Pilar Valero

Curso interactivo ¡Hola, amigos!
© **Instituto Cervantes**

ISBN del Libro del alumno: 978-84-9848-535-6
Depósito Legal: M-14518-2015
Impreso en España
Printed in Spain

1.ª edición: 2013
1.ª reimpresión: 2014
2.ª reimpresión: 2015
3.ª reimpresión: 2017
4.ª reimpresión: 2018
5.ª reimpresión: 2019

Ilustraciones y diseño de cubierta:
Carlos Casado
Carlos Yllana

Canciones:
Voces: Rocío González, Icíar Santana y M.ª Idoia Sáez de Ibarra
Guitarrista: Enrique Torres
Teclista y tuba: Fernando Camacho
Percusión: M.ª Idoia Sáez de Ibarra
Arreglos: Fernando Camacho, M.ª Idoia Sáez de Ibarra y Enrique Torres
Ingeniero de sonido: Enrique Torres
Estudio de grabación: www.aire-estudio.es

Fotografías:
Archivo Edinumen.
Foto de los Reyes Magos de la unidad *¡Feliz navidad!* por cortesía de la galería Jo sóc de Torrent y Alfredo Ruiz,
Creative Commons, flickr.com, http://creativecommons.org/licenses/by/2.0/deed.es.
Fotos de los carnavales de Cádiz y de Tenerife de la unidad *El carnaval* por cortesía de Inés Nelva González y de
la Concejalía de Fiestas del Ayuntamiento de Santa Cruz de Tenerife, respectivamente.

Impresión:
Gráficas Glodami. Coslada. Madrid

Editorial Edinumen
José Celestino Mutis, 4. 28028 - Madrid
Teléfono: 91 308 51 42
Fax: 91 319 93 09
e-mail: edinumen@edinumen.es
www.edinumen.es

Índice

¡Hola, amigos!

Sesión 1

1  ¹ Escucha y canta.

¡Hola!, ¿cómo estás?
Buenos días, Santi, ¿cómo estás?
Muy bien, y tú, ¿qué tal?
¡Hola!, ¿cómo estás?
Buenas tardes, Santi, ¿cómo estás?
Muy bien, y tú, ¿qué tal?

Buenas noches, Santi, es hora de dormir.
Hasta mañana, buenas noches. ¡Adiós!

¡Hola, amigos!
¿Qué tal?
Yo soy Mar.

¡Hola! Yo me llamo
Germán, ¿y tú?

¡Buenas tardes!
Yo soy Julia,
soy de España.

¡Hola! Yo soy Oda,
soy de Brasil.

¡Hola! Yo soy Santi.

Me llamo Héctor. Soy de
Argentina, ¿cómo estás?

¡Guau, guau!

2 ² Escucha e identifica a los personajes.

3  ³ Escucha y preséntate.

BIENVENIDOS

¡Hola! Yo me llamo Roberto y soy de México.

¡Hola! Yo me llamo Inés y soy de España, ¿y tú?

4 ⁴ ¡Así suena! Escucha y repite.

¡Hola! Soy Mario, te traigo el abecedario.

Yo me llamo Mario. M-A-R-I-O. Ahora, deletrea tu nombre...

5  ⁵ Escucha y relaciona.

¡Buenos días, Santi!, ¿qué tal?

¡Buenos días! Muy bien, gracias.

¡Hola! ¡Buenas tardes!, ¿cómo estás?

¡Uf! ¡Estoy mal!

6 Lee y practica con tu compañero.

¡Hola!, buenas tardes.

¡Hola!, ¿cómo te llamas?

Yo me llamo Santi, ¿y tú?

Yo soy Carlos, ¿cómo estás?

Yo estoy muy bien, gracias.

¡Hasta mañana!

¡Adiós!

Aprende

¿Cómo estás?

😊 Estoy (muy) bien.

🙁 Estoy (muy) mal.

7 🐶 ⁶ **Escucha, lee y relaciona.**

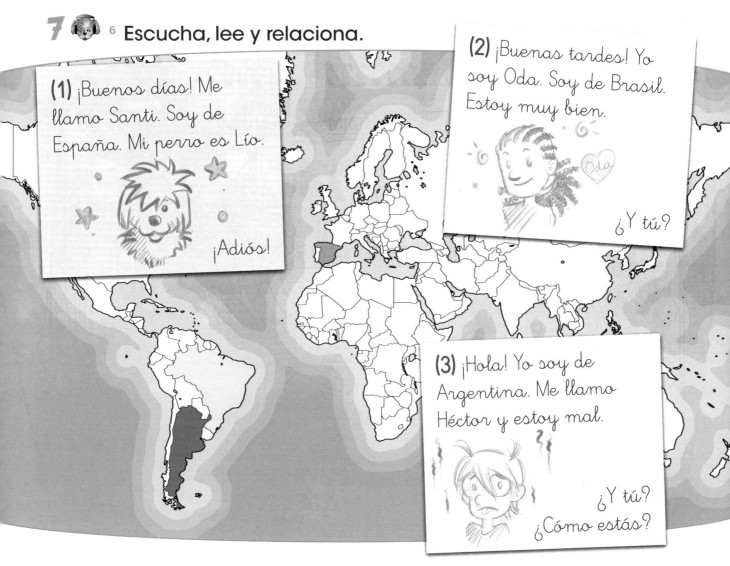

(1) ¡Buenos días! Me llamo Santi. Soy de España. Mi perro es Lío.

¡Adiós!

(2) ¡Buenas tardes! Yo soy Oda. Soy de Brasil. Estoy muy bien.

¿Y tú?

(3) ¡Hola! Yo soy de Argentina. Me llamo Héctor y estoy mal.

¿Y tú?
¿Cómo estás?

8 Lee y contesta según la actividad anterior.

¿Verdadero o falso?

1.  Santi es de Brasil.

2.  Oda está muy bien.

3.  Héctor es de Argentina.

4.  Lío es un perro.

5.  Héctor está muy bien.

9  7 Escucha y señala.

10 8 Escucha y repite. Luego, deletrea.

11 Cuenta y suma.

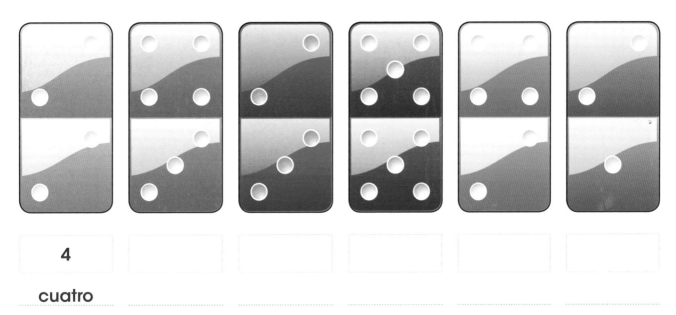

| 4 | | | | | |

cuatro

12 Juega con tu compañero.

3 C

...3 C... ¡Verde!

Santi, son las nueve. ¡Buenas noches!

¡Buenas noches!

¡Hasta mañana, Santi!

¡Mira, Lío! ¡Héctor es de Argentina!

Aquí está Brasil... Y esto es España... La bandera de Brasil es verde, amarilla y azul.

¡Basta, Lío!

SLURP

JA JA

BOING

¿Santi?

¡SSHT!

Santi, ¿estás bien?

Sí, muy bien. ¡gracias!

CLICK

A dormir, Lío.

Te presento a mi familia

Sesión 1

1 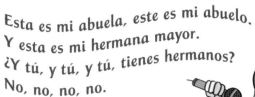 10 **Escucha y canta.**

Yo me llamo Julia.
Te presento a mi familia.
Esta es mi mamá, este es mi papá.
Y este es mi hermano pequeño.
¿Y tú, y tú, y tú, tienes hermanos?
No, no, no, no.
Yo me llamo Julia...

Esta es mi abuela, este es mi abuelo.
Y esta es mi hermana mayor.
¿Y tú, y tú, y tú, tienes hermanos?
No, no, no, no.
Yo me llamo Julia...
Esta es mi tía, este es mi tío.
Y yo me llamo Julia.
Y tú, ¿cómo te llamas?

2 11 **Escucha y señala.**

Julia

> ¡Hola!, soy Julia. Te presento a mi familia.

papá   mamá

hermana   hermano   abuela   abuelo   tía   tío

3 Ayúdame a presentar a mi familia.

Esta es...

Esta es
mi mamá,
se llama Ana.

ANA · ANDRÉS · RODRIGO · PALOMA

PILAR · LUIS · MARÍA · MANUEL

4 🐾 12 ¡Así suena! Escucha y repite.

A, e i, o, u,
¿puedes repetir tú?
La a de araña,
la e de elefante,
la i de iguana,
la o de oso,
la u de urraca.
A, e i, o, u,
¿puedes repetir tú?

Deletrea los animales del poema.

5 13 Observa y escucha.

Hola, yo soy Santi. Yo tengo 9 años. Tengo un hermano y una hermana. Te presento a mis amigos.

Él se llama Juan Ramón y tiene 10 años. Juan Ramón tiene dos hermanos.

Ella es Celia, tiene 8 años. Ella tiene tres hermanas.

¿Tú tienes hermanos?

6 Lee y completa.

 tiene  .

Ella tiene  .

 tiene  .

Él tiene  .

Ahora tú

- Yo tengo…
- Tú tienes…
- Santi tiene…

Aprende

Yo tengo
Tú tienes
Él/Ella tiene

7 14 Escucha y relaciona.

Mi familia

Yo me llamo Héctor, soy de Argentina y tengo 8 años.

Esta es mi familia: mi papá se llama Federico y mi mamá se llama Nadia.

Yo tengo una hermana. Ella se llama Rita y tiene 10 años.

Yo tengo un tío y una tía en España.

Mis abuelos están en Argentina.

8 Lee en el orden adecuado.

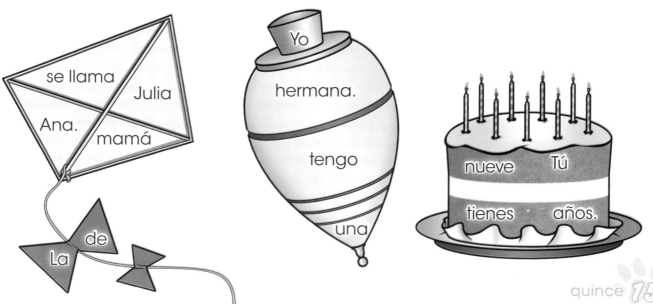

se llama
Julia
Ana.
mamá

Yo
hermana.
tengo
una

nueve   Tú
tienes   años.

La   de

9 15 Escucha y señala.

el alumno
la profesora
el médico
la directora
la abogada
el bibliotecario
la conductora
el cocinero

10 16 Escucha y completa según el modelo.

El bibliotecario

La bibliotecaria

11 Lee. Luego, presenta a tu mamá o papá.

Él es mi papá.
Se llama Manuel.
Él es abogado.

Mi abuela se llama Ana.
Ella es de Argentina y
es profesora.

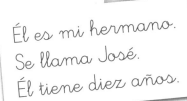

Él es mi hermano.
Se llama José.
Él tiene diez años.

12 ¡Crea tu póster!

Necesitas:

cartulinas

fotos

lápices
de colores

tijeras

MI FAMILIA

Mi mamá se llama
Marcela. Ella es abogada.
Ella tiene una hermana
en Brasil.

Mi papá...

Mi hermana...

17

EL HERMANO PEQUEÑO DE JULIA

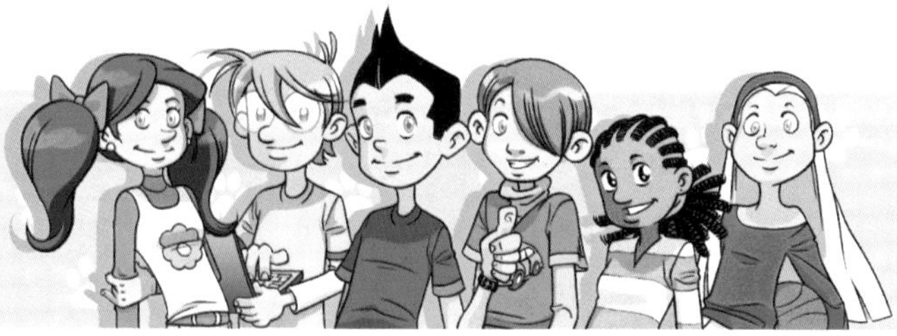

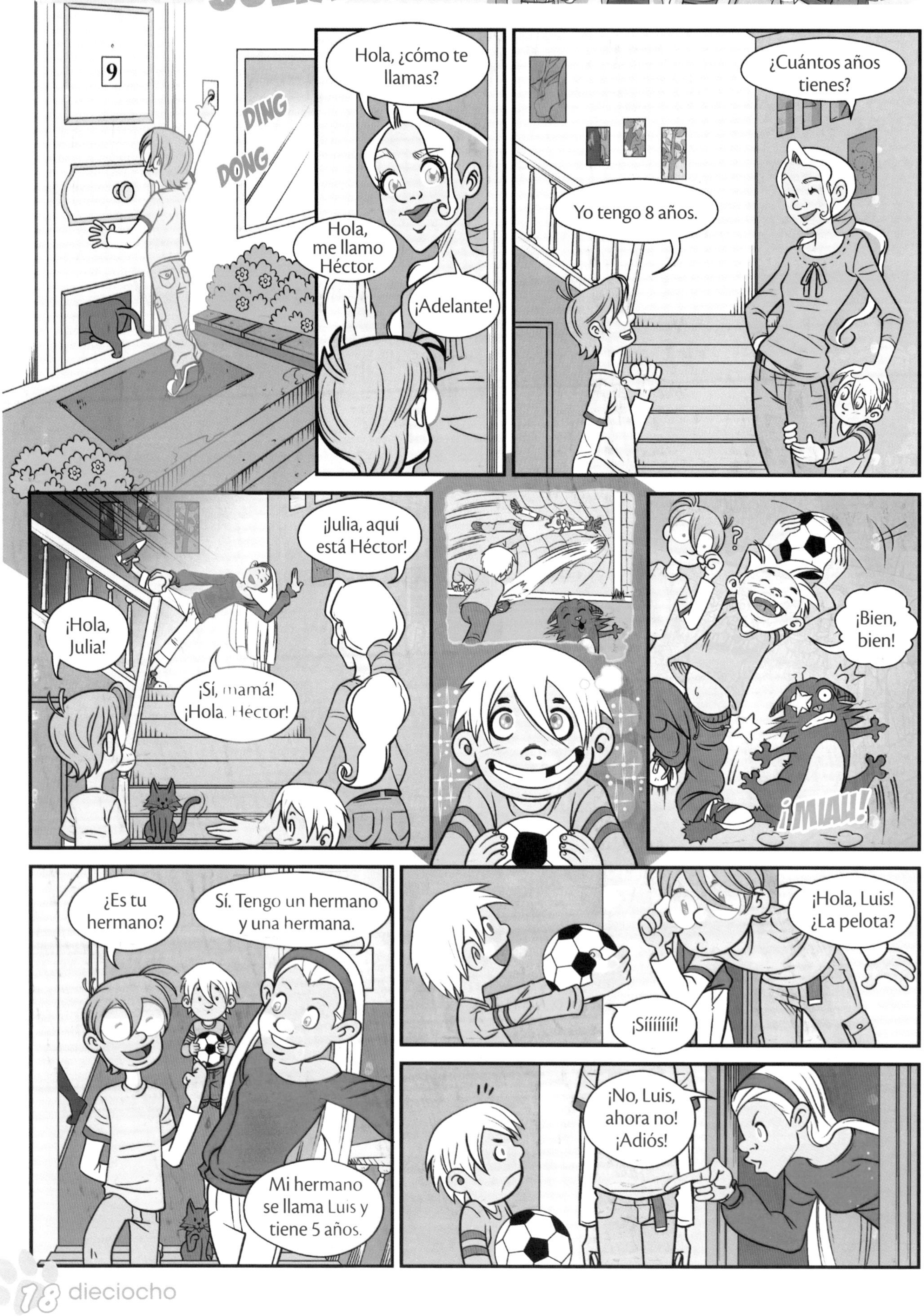

¡El martes tenemos Español!

Sesión 1

1 ¹⁸ Escucha y canta.

Los días de la semana, los días de la semana.
Los días de la semana, siete días son.
El lunes, Lengua y Música,
el martes, Español.
Los días de la semana, siete días son.
El miércoles, ¿qué hay?
Educación Física hay.
Los días de la semana...
El jueves, Matemáticas,
el viernes, Dibujo y Ciencias.
Los días de la semana, siete días son.
El sábado y domingo,
¿qué hay?, ¿qué hay?, ¿qué hay?, ¿qué hay?, ¿qué hay?
Hay que jugar, hay que dibujar, hay que cantar.
Los días de la semana...

2 ¹⁹ Escucha y repite.

¡Este es el horario de clase!

	Lunes	Martes	Miércoles	Jueves	Viernes	Fin de semana	
						Sábado	**Domingo**
A S I G N A T U R A S	Español	Música	Ciencias	Dibujo	Español		
	Matemáticas	Español	Lengua	Ciencias	Lengua		
	Ciencias	Educación Física	Matemáticas	Música	Dibujo		
	Recreo						
	Música	Ciencias	Español	Matemáticas	Ciencias		
	Lengua	Matemáticas	Educación Física	Español	Matemáticas		

¡Bien, no hay cole el sábado!

3 Une y adivina.

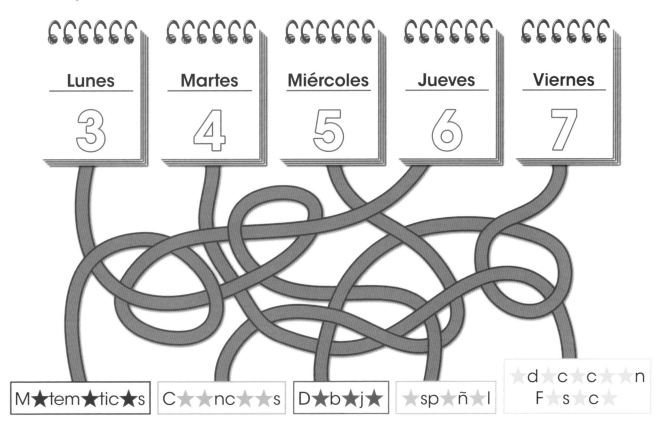

Lunes	Martes	Miércoles	Jueves	Viernes
3	4	5	6	7

| M★tem★tic★s | C★★nc★★s | D★b★j★ | ★sp★ñ★l | ★d★c★c★★n F★s★c★ |

4  20 ¡Así suena! Escucha y repite.

Niños y niñas... ¡Prestad atención!

La ñ de España aparece en cañón,

en muñeca, en pañuelo, en gruñir y en piñón.

Ña, ñe, ñi, ño, ñu...

¡Ahora, repítelo tú!

Grrr...

5 21 Observa, escucha y aprende.

El lunes **tenemos** Matemáticas.

Vosotros **tenéis** Educación Física el miércoles.

El jueves ellos **tienen** Música.

6 Practica con tu compañero.

Ellos tienen Educación Física el martes.

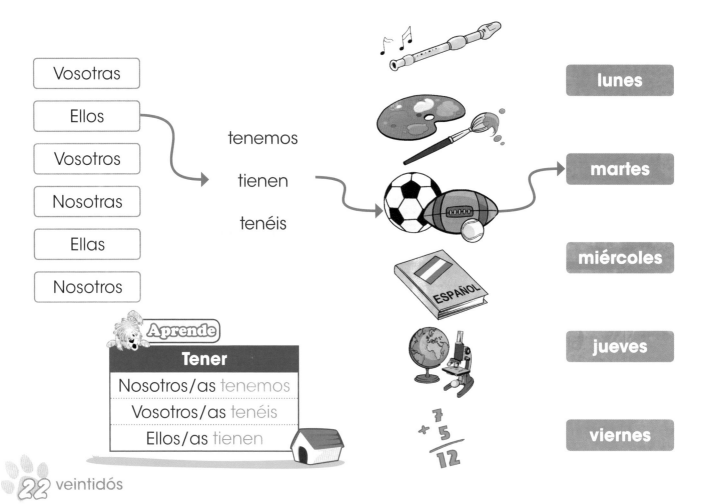

Vosotras

Ellos

Vosotros

Nosotras

Ellas

Nosotros

tenemos

tienen

tenéis

lunes

martes

miércoles

jueves

viernes

Aprende

Tener	
Nosotros/as	tenemos
Vosotros/as	tenéis
Ellos/as	tienen

7  **22** Escucha y lee.

Héctor Argentina → Paola Italia

Hola, Paola:

Soy Héctor y tengo ocho años. Soy argentino. Tengo muchos amigos y amigas. Mi colegio se llama Miguel de Cervantes. Tenemos Español todos los días y Educación Física el martes y el viernes. Mi asignatura favorita es Música. Hay Música tres días: martes, miércoles y jueves.

El domingo yo juego al fútbol con mis amigos.
¿Vosotros tenéis cole el sábado? ¿Juegas al fútbol?

Adiós. ¡Hasta pronto!

Héctor

PD: Esta es mi foto.

8 Lee y relaciona.

① **②** **③** **④** **⑤**

Mensaje nuevo

Héctor Argentina ← Paola Italia

¡Hola, Héctor!

a. Mi asignatura favorita es Matemáticas.
b. Tenemos Ciencias el lunes y el miércoles.
c. Me llamo Paola, soy de Italia y tengo 9 años.
d. Yo juego al tenis con mi amigo el domingo.
e. Mi colegio se llama Leonardo da Vinci.

¡Hasta pronto!
Paola

9 🐶 23 Escucha y elige.

cantar • estudiar • dibujar • jugar • desayunar • escuchar

10 ¡Vamos a jugar! Haz mímica y adivina.

Aprende

Cantar
Yo cant**o**
Tú cant**as**
Él/ella cant**a**

11 Completa las oraciones.

> Yo *desayuno con mi familia* el domingo.

Yo _____ el domingo.

Tú _____ el lunes.

Él _____ el jueves.

Tú _____ al _____ el sábado.

Ella _____ en _____ el martes.

Yo _____ en _____ el miércoles.

12 Juega con tu compañero.

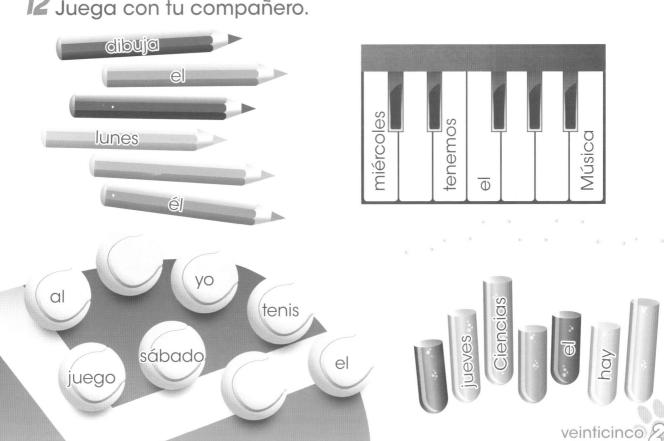

dibuja
el
lunes
él

miércoles tenemos el Música

al yo tenis sábado el juego

jueves Ciencias el hay

¡Mmm... Me gusta el helado!

Sesión 1

1 🐶 25 Escucha y canta.

2 🐶 26 Escucha y señala. Luego, repite.

3 🐶 27 Escucha y practica.

Me gusta… 😊
Me gustan…

No me gusta… 🙁
No me gustan…

Me gusta…
Me gustan…

No me gusta…
No me gustan…

Aprende

😊 Me gusta/gustan…

🙁 No me gusta/gustan…

4 🐶 28 ¡Así suena! Escucha y repite.

Un burro al barro cayó.
A Ruth y a Rebeca la risa les dio.
Ramón Rodríguez a las niñas riñó.

5  29 Escucha y aprende.

Hay naranjas.

¡Mmm...! ¿Puedo comer una naranja?

Vale.

Gracias, mamá.

¿Podemos tomar una manzana?

Sí, claro. Hay manzanas en el frigorífico.

¡Gracias!

pan

queso

huevos

tomates

pollo

naranjas

pescado

manzanas

zumo

patatas

6 30 Escucha y señala.

Aprende

SINGULAR	PLURAL
patata	patatas
tomate	tomates

7 🐶 31 **Escucha y juega.**

¿Hay helado?   Sí, es el número 3.

¿Te gusta el helado?   No, no me gusta.

¿Hay manzanas?   Sí, es el número 6.

¿Te gustan las manzanas?   Sí, me gustan.

¿Hay...?   Sí, es...

1. pollo   2. queso

3. helado   4. pescado   5. naranja

6. manzana   7. zumo   8. arroz   9. patata   10. huevo

8 **Lee y relaciona.**

(1) Oda y su papá están en el supermercado. Tienen huevos, patatas y manzanas.

(2) Julia tiene naranjas y su hermano un zumo de manzana.

(3) Me gusta el pescado. No me gusta el arroz.

Sesión 3

9 32 Escucha e identifica.

Tengo hambre, tengo sed.
¿Qué tenemos para comer?

10 Completa con tu menú.

Yo desayuno… Yo como… Yo ceno…

11 Ordena y lee.

el | pollo | gusta | con | Me | arroz.

tomar | patatas, | por favor? | ¿Puedo

leche, | desayuna | pan | y | Oda | manzana. | una

para | Tenemos | pescado | cenar. | tomates | y

12 Juega con tu compañero.

SALIDA

😊 Me gusta…/Me gustan…

😞 No me gusta…/No me gustan…

¿Puedo tomar…?

Tenemos… para cenar.

I FERIA DE ALIMENTOS ECOLÓGICOS

FRUTAS

En el mercado de alimentos ecológicos el sábado...

Tengo sed...

Hay zumo.

¡Mamá! ¡Son mis amigos!

¿Qué tal estáis?

¡Hola, Mar!

¡Hola, amigos! Él es mi papá. Ella es mi mamá. Ellos tienen este puesto.

¿Podemos tomar una manzana?

¡Gracias!

¡Sí, claro! Las manzanas son sanas.

Santi busca a sus amigos.

¡GUAU!

¡GUAU!

¡Lío, para! ¡Despacio!

¿Me prestas tu goma, por favor?

Sesión 1

1 🐶 34 Escucha y canta.

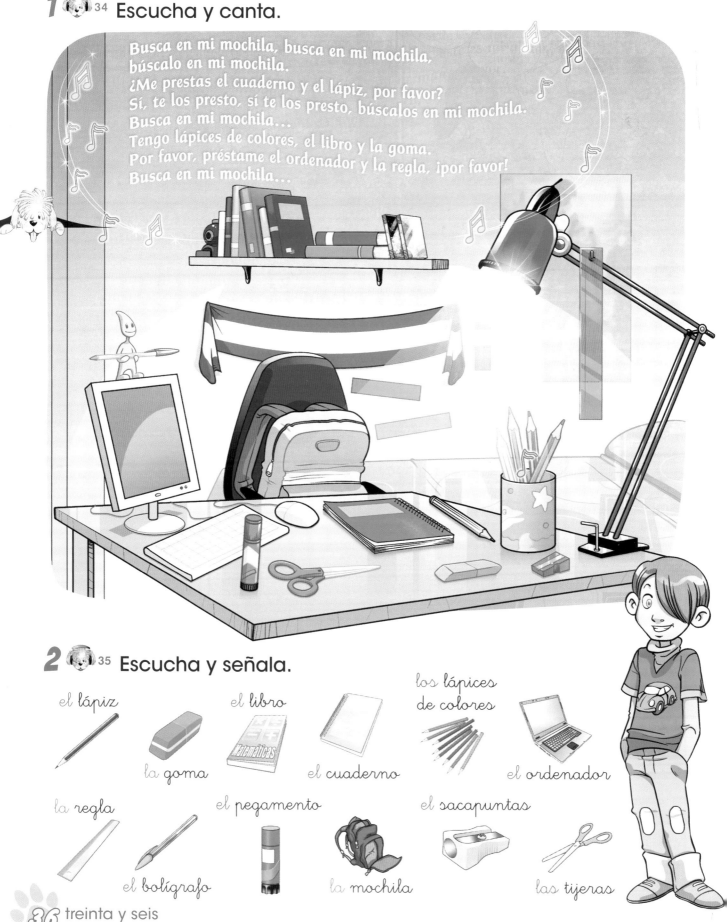

Busca en mi mochila, busca en mi mochila,
búscalo en mi mochila.
¿Me prestas el cuaderno y el lápiz, por favor?
Sí, te los presto, sí te los presto, búscalos en mi mochila.
Busca en mi mochila…
Tengo lápices de colores, el libro y la goma.
Por favor, préstame el ordenador y la regla, ¡por favor!
Busca en mi mochila…

2 🐶 35 Escucha y señala.

el lápiz

la goma

el libro

el cuaderno

los lápices de colores

el ordenador

la regla

el bolígrafo

el pegamento

la mochila

el sacapuntas

las tijeras

3 Observa y practica.

En la mochila verde hay dos cuadernos, un lápiz, una regla y un libro.

En la mochila roja hay un lápiz...

4 36 ¡Así suena! Escucha y repite.

Hoy hay helado de dulce de leche y cucuruchos de chocolate. ¡Qué chachi!

5 🐾 37 Pregunta y responde.

6 Adivina y completa.

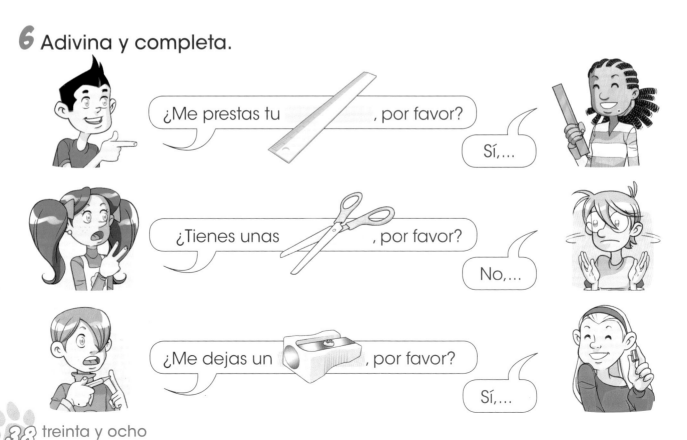

7 Lee y relaciona.

¡Hola, amigos!
Este es mi cole. En mi clase hay pupitres, estanterías y ordenadores **(1)**. Me gustan los martes: tenemos Música y Educación Física **(2)**. La profesora usa la pizarra digital y los libros en la clase de Español **(3)**.

8 Practica con tu compañero.

	Lunes	Martes	Miércoles	Jueves	Viernes
9 - 10	Mates	Lengua	Mates	Dibujo	E. Física
10 - 11	Lengua	Ciencias	Lengua	Lengua	Español
11 - 12	Ciencias	Mates	Español	Mates	Ciencias
12 - 12.30	Recreo				
12.30 - 13	Español	Dibujo	Ciencias	Español	Lengua
13 - 14	Dibujo	E. Física	E. Física	E. Física	Dibujo

9  38 Observa y aprende.

10 Practica con tu compañero.

11  **39** Escucha y señala.

1.

2.

3.

4.

Soy Fernando, yo mando.

¡Cierra los ojos y cuenta hasta diez!

¡Canta y baila!

¡Saltad sobre un pie!

¡Pasad la pelota!

12 Ahora juega a *Soy Fernando, yo mando.*

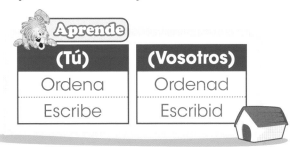

Aprende	
(Tú)	**(Vosotros)**
Ordena	Ordenad
Escribe	Escribid

En casa de Germán...

¡Hola, Germán!

¡Hola! ¿Qué tal?

¡Bien! ¿Estás listo?

No..., por favor, espera un momento.

NO PASAR

Germán

El lápiz, la goma, el libro y el cuaderno, ¡a la mochila!

¡Vamos!

¡Oh, no... el autobús! ¡Espera!

¡Corre, Germán!

¡GUAU!

¡GUAU!

¡Mira, hay dos asientos libres!

¡AY!

¡Germán! ¡No me pises!

MOC

Lo siento, Santi.

¡Ese es Héctor!

¡Hola, amigos!

BLA BLA

Hoy es jueves. Tenemos Ciencias Naturales. Escuchad, abrid los libros.

Germán, escribe tú, por favor.

¡Oh, no! ¿Y mi lápiz y mi regla? Mar, ¿me dejas tu lápiz, por favor?

Sí, aquí tienes.

Yo coloreo.

¡Despierta, Héctor!

ROONC
ROONC

¡Mirad!

¡Lío está saltando por la ventana!

¡GUAU!

¡Para, Lío!

¡GUAU!

¡CRASH!

GUAU!

¡Vaya lío!

¡Me gustan los huesos! ¡Qué ricos!

¡Lío! ¡No!

LA AVENTURA CONTINÚA...
¿QUERÉIS VENIR CONMIGO?

¿Dónde está el caballo?

Sesión 1

1 🐶 41 Escucha y canta.

Dentro, fuera, delante, detrás.
¿Dónde está el animal?
El pato está en el estanque, las vacas están delante.
El perro está dormido, debajo del árbol está dormido.
El pato dentro, la vaca delante, el perro debajo.
Dentro, fuera, delante, detrás...
El burro está en el establo, las ovejas están detrás.
El caballo está en el establo, dentro del establo el caballo está.
El pato dentro, la vaca delante, el perro debajo, el burro dentro,
la oveja detrás, el caballo dentro.
Dentro, fuera, delante, detrás...
El cerdo come fruta, está dentro de su casa.
La gallina come pan, la gallina fuera está.
El pato dentro, la vaca delante, el perro debajo, el burro dentro,
la oveja detrás, el caballo dentro, el cerdo dentro, la gallina fuera.

2 🐶 42 Escucha y repite.

En mi granja paso el día, ía, ía, oooh.

3 🐶 43 Escucha e identifica.

La vaca.

4 🐶 44 ¡Así suena! Escucha y repite.

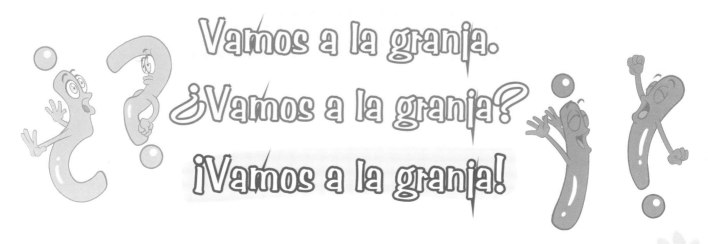

Vamos a la granja.

¿Vamos a la granja?

¡Vamos a la granja!

Sesión 2

5  45 Observa, escucha y aprende.

¿Dónde está el burro?

¿Dónde está el pato?

¿Dónde está la oveja?

El burro está...

dentro del establo

fuera del establo

El pato está...

debajo del árbol

encima del árbol

La oveja está...

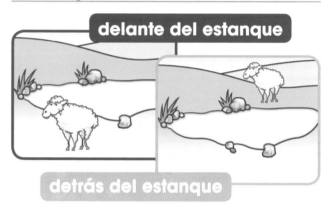

delante del estanque

detrás del estanque

6 ¡Vamos a jugar!

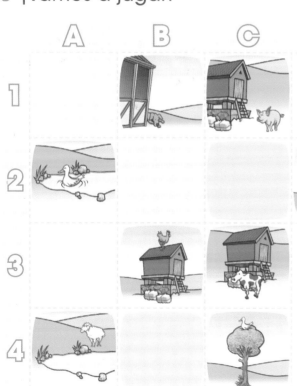

A   B   C   D

1
2
3
4

1 C.

El cerdo está fuera del granero.

Aprende

¿Dónde está?
Está delante de/detrás de...
Está dentro de/fuera de...
Está debajo de/encima de...

7 Lee esta postal.

¡Hola!

Me llamo Mar, tengo 8 años y soy española. Tengo un hermano y una hermana. Mi familia tiene una granja. ¡Me encantan los animales! Hay cerdos, ovejas y un burro. También tenemos gallinas. Yo juego con mi hermano y mi hermana en la granja. Mi animal preferido es el caballo. Es un animal típico de España.

Tu amiga, Mar.

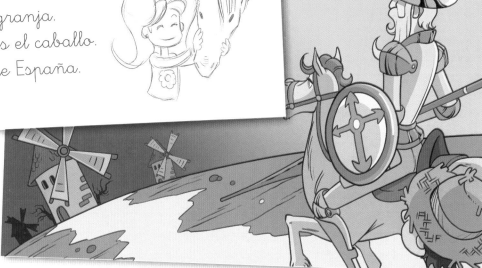

8 Lee y completa según la actividad anterior.

1. Mar es de…

   a) Argentina   b) España   c) Italia

2. Mar tiene…

   a) diez años   b) nueve años   c) ocho años

3. La familia de Mar tiene…

   a) un supermercado   b) un zoo   c) muchos animales

4. A Mar le gusta mucho…

   el caballo   b) la gallina   c) el perro

9 46 Escucha y repite. Después, practica con tu compañero.

11 once — PATATAS

12 doce — TOMATES

13 trece — MANZANAS

14 catorce — LECHE

15 quince — HUEVOS

16 dieciséis — NARANJAS

17 diecisiete — PAN

18 dieciocho — QUESOS

19 diecinueve — PESCADO

20 veinte — ZUMOS NATURALES

¿Dónde hay naranjas?

patatas   tomates

manzanas   huevos

naranjas   leche

quesos   pan

pescado   zumos naturales

En el número 16.

10 Elige y juega.

13   11   16   12   19   20   17   18   14   15

11 Ordena las palabras y adivina.

un caballo

está

patos

estanque.

árbol.

Hay

vaca

dentro del

La

Tenemos

blanco.

detrás del

doce

¿Qué dibujo es?

A

B

C

12 Describe los otros dibujos con tu compañero.

¡BUEN PASEO!

Es viernes por la tarde. Oda y Julia pasean en bicicleta.

...Once, doce, trece y catorce... ¡Hay catorce árboles!

Sí. ¡Mira! Tienen manzanas rojas... y hay naranjas. ¡Me gustan las naranjas!

Allí está la granja de Mar. ¿Vamos?

Sí. ¡Buena idea!

¿Dónde está Mar?

¡Hola? ¡Mar! ¡Mar!

Hola, amigas, estoy aquí. Tenemos un caballo nuevo dentro del establo.

¡Qué bonito!

¿Podemos ver las gallinas?

Sí, están fuera del gallinero. ¡Vamos!

¡Jugamos en el jardín!

Sesión 1

 1 48 Escucha y canta.

habitación

cuarto de baño

espejo

silla

columpio

cama

garaje

bañera

salón

frigorífico

televisor

coche

mesa

horno

jardín

sofá

cocina

Por la mañana, me voy a bañar,
¿dónde está la bañera? ¿Dónde está?
En el cuarto de baño, en el cuarto de baño.
¿Dónde está la bañera? ¿Dónde está?
Por la mañana, para desayunar,
¿dónde está el zumo? ¿Dónde está?
Está en el frigorífico, en la cocina.
¿Dónde está el zumo? ¿Dónde está?
Yo soy Santi, y vivo con mi familia.
Esta es mi casa,
tiene garaje y tiene jardín.
Y por la tarde, estoy en el salón.
¿Y qué hay en el salón? Un televisor.
Mi mamá lee en el sofá, mi mamá lee en el sofá.
¿Y qué hay en el salón? Un televisor.

Por la noche, a la hora de dormir,
¿dónde está la cama? ¿Dónde está?
Está en la habitación, está en la habitación.
¿Dónde está la cama? ¿Dónde está?
Yo soy Santi, y vivo con mi familia…

Esta es mi casa. Yo vivo con mi familia y con mi perro Lío.

 2 49 Escucha y señala. Luego, repite.

3 Responde a las preguntas. Luego, practica con tu compañero.

¿Dónde está el televisor?

¿Dónde está...?

El televisor está en el salón.

1. ¿Dónde está la cama?

2. ¿Dónde está el sofá?

3. ¿Dónde está la bañera?

4. ¿Dónde está el coche?

5. ¿Dónde está el horno?

4 50 ¡Así suena! Escucha y repite.

Lluvia, lluvia, aléjate.
¿Quieres jugar? Dilo otra vez.
1, 2, 3, pollito inglés.
Gallinita ciega, ¿qué se te perdió?
La llave, el dedal, la luna y el sol.

5 Escucha y señala.

6 Elige la opción correcta.

1. ¿Me dejas jugar contigo al escondite?

   a) Ella no juega.

   b) Sí, tú la quedas.

   c) Tengo hambre.

2. ¿Quieres jugar conmigo?

   a) Sí, yo juego.

   b) ¡Me toca!

   c) Tengo 8 años.

3. ¿Podemos jugar a la rayuela?

   a) Tengo sed.

   b) Está en el salón.

   c) ¡Te toca!

Aprende

¿Queréis jugar a…?

¿Podemos jugar a…?

Me toca.

Te toca.

¿Me dejas jugar?

Sí, yo juego.

No, yo no juego.

7 52 Escucha y relaciona.

1. Me llamo Santi y tengo 8 años. Yo vivo en España con mi familia: mi papá, mi mamá, mi hermano y mi perro Lío.

2. Yo juego a la oca con mi hermano en mi habitación. Mis amigos y yo jugamos al escondite o a la pelota en el jardín. ¡Es divertido!

3. Mi casa es grande. Tenemos el salón, la cocina, el cuarto de baño y tres habitaciones. Hay un bonito jardín para jugar.

8 ¡Te toca! Completa.

Me llamo ⭐ y tengo ⭐ años.

Vivo con mi familia: ⭐ ⭐ ⭐

Mi casa tiene ⭐ ⭐ ⭐ ⭐

Juego con mis amigos a ⭐ ⭐ en ⭐ ⭐ ⭐

¡Es divertido!

9 Escucha y repite. Señala cada juego de la caja.

Estos son mis juegos favoritos.

oca

cometa

comba

cartas

peonza

10 Une las mitades y busca el nombre de los juegos.

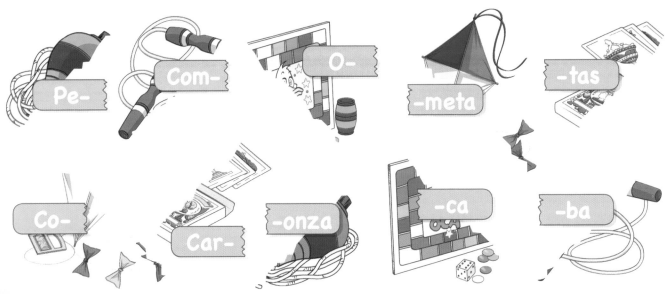

Pe-

Com-

O-

-meta

-tas

Co-

Car-

-onza

-ca

-ba

11  **Aprende y juega.**

Piedra, papel o tijeras. 1, 2 y 3.

Veo, veo...

¿Qué ves?

Una cosita.

¿Con qué letrita?

Empieza por la letra...

Gallinita ciega, ¿qué se te ha perdido?

Una aguja y un dedal.

Da media vuelta y lo encontrarás.

12 ¡Jugamos a la oca! Necesitas:

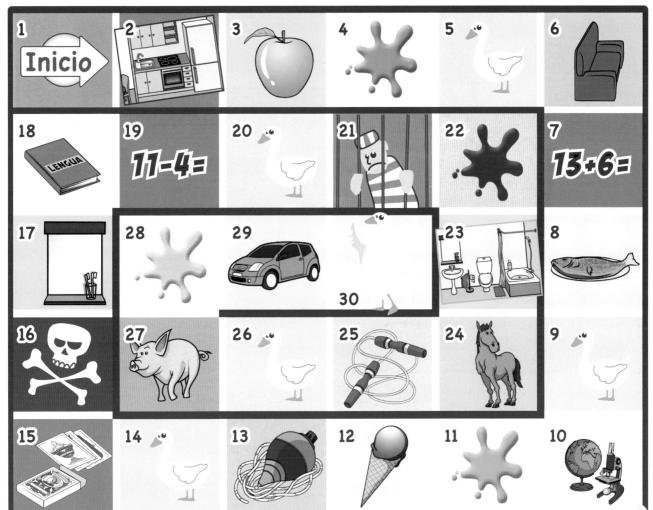

¡Hola, chicos! ¿Cómo estáis?

Hola, ¿está Germán?

Sí, pasad.

¡Hola, amigos, estoy en mi habitación!

¿Vamos al parque?

Sí, claro.

PARQUE JUAN RAMÓN JIMÉNEZ

¿Queréis jugar a la pelota?

Sí, claro.

¿Podemos jugar al fútbol?

Yo quiero jugar a la rayuela. ¿Quieres jugar conmigo, Mar?

Yo voy a jugar con mi cometa.

Siete, ocho, nueve y diez.

¿Podemos jugar?

¿Quieres jugar con la cometa, Oda? Es roja, azul y amarilla.

Sí.

¿Dónde está mi mochila? ¡Tengo sed!

Tu mochila está detrás del árbol.

¡Qué boca más grande!

Sesión 1

1 56 Escucha y canta.

Tengo un payaso, un payaso.
Por las tardes me hace reír.
Tiene negros los ojos,
larga es su nariz.
Es el payaso feliz.
Tiene el cuerpo muy pequeño,
pelo corto y pies grandes.
La cara pintada de colores,
y siempre lleva guantes.

Tengo un payaso, un payaso...
Tiene orejas muy pequeñas,
manos blancas, boca grande.
La cara pintada de colores,
y siempre lleva guantes.
Tengo un payaso, un payaso...

pelo corto

ojo

nariz larga

boca grande

cuerpo

pie grande

oreja pequeña

mano

2 57 Escucha y repite.

¡Mira, Julia! Es tu payaso. Tiene la boca grande y el pelo corto.

3 Pregunta y responde.

orejas grandes | orejas pequeñas | pelo largo | pelo corto | mano grande | mano pequeña | ojos negros | ojos azules

¿Qué es el número 5?

Ojos azules.

4 58 ¡Así suena! Escucha y repite.

Juan, el agente ágil, es un jinete gigante de ojos y orejas grandes.

5 Lee y compara.

6 Observa y relaciona.

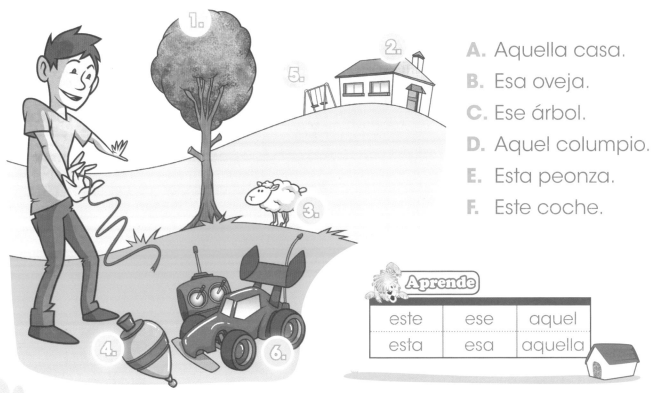

A. Aquella casa.

B. Esa oveja.

C. Ese árbol.

D. Aquel columpio.

E. Esta peonza.

F. Este coche.

Aprende

este	ese	aquel
esta	esa	aquella

7 Lee estas descripciones.

Este payaso se llama Triki. Tiene el pelo largo, los ojos azules y las manos grandes. Triki está en el jardín. Él juega con la cometa.

Esa es su amiga Traka. Tiene la boca pequeña y la nariz roja. Traka sale del garaje. Le gusta jugar a la rayuela.

8 ¿Verdadero o falso?

1. Triki tiene los ojos verdes.
2. Las manos de Triki son grandes.
3. Triki juega a la rayuela.
4. La amiga de Triki se llama Cometa.
5. Traka sale del garaje.

9 59 Escucha y aprende. Luego, practica.

pelo castaño

ojos marrones

pelo rubio

baja

pelo moreno

alta

10 Lee y relaciona.

Yo soy bajo.

Tengo el pelo corto y castaño.

Tengo los ojos grandes y verdes.

Mi nombre es...

Tengo el pelo rubio y largo.

Tengo las orejas grandes y los ojos azules.

Soy alta y me llamo...

Aprende	
Yo soy Él/Ella es	alto/alta, bajo/baja. moreno/morena, rubio/rubia, castaño/castaña.
Yo tengo Él/Ella tiene Ellos/Ellas tienen	el pelo moreno/castaño/rubio/largo/corto. los ojos verdes/azules/marrones/negros.

Ahora, describe al otro amigo.

11 Aprende el poema y recita.

Toca tu

Cierra la

Abre tus

A ti te toca.

Baila con tu

Salta con un

Toca tus

Tu turno es.

12 Nuestro proyecto: realizamos un gráfico.

Necesitas:

cartulinas

regla

lápices
de colores

tijeras

Esta es mi clase. Hay 24 alumnos: 14 niñas y 10 niños. Hay 11 alumnos con pelo castaño, 6 con pelo rubio y 7 con pelo moreno. 12 alumnos tienen los ojos marrones, 8 tienen ojos azules, 3 tienen ojos negros y 1 tiene los ojos verdes.

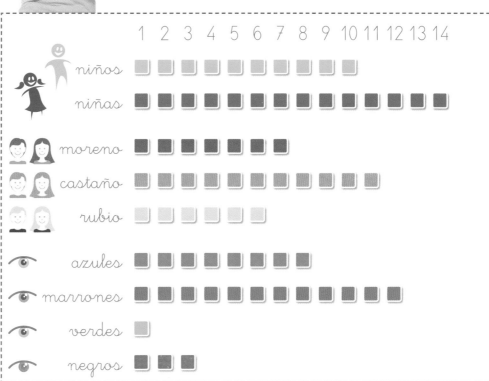

LA CASA DE LOS ESPEJOS

En la feria...

¿Quieres un helado, Julia?

¡Sí, gracias! Quiero un helado de chocolate.

PALOMITAS

¡Mira! Aquel chico es Santi, ¿no? ¡Y está con Héctor, Mar y Oda!

LA CASA DE LOS ESPEJOS

¡Hola, amigos!

Hola, ¿qué tal?

Vamos a La casa de los espejos.

¡Umm...! ¿Podemos ir?

LA CASA DE LOS ESPEJOS

Sí, claro.

Ahora eres muy baja.

¡AAAAAH!

JA JA JA

Mira tu cuerpo. Tienes la nariz grande.

Sí... Soy alto y tengo las manos muy largas.

¡Mi pelo! Tengo las orejas muy grandes.

¡RASH!

¡GUAU!

¿Dónde está Héctor?

Héctor está en el cuarto de baño. ¡¡Necesita un espejo!!

Yo necesito comida. ¡Tengo mucha hambre!

Podemos comer un bocadillo.

LA CASA DE LOS ESPEJOS

Mi nariz... mis manos... mi cuerpo...

¡GUAU! ¡GUAU!

ASEOS

Mira...

¡ARGH!

¡Qué boca más grande!

Quiero descansar. Mi casa, mi habitación, mi cama, mi mamá...

Y tu espejo...

JA JA JA JA

LA AVENTURA CONTINÚA... ¿QUERÉIS VENIR CONMIGO?

¡Vacaciones!

Sesión 1

 Escucha y canta.

Me gusta el invierno.
¿Qué tiempo hace?
Hace mucho frío,
todo está blanco, nieva.

¡Es primavera! ¡Es primavera!
No hace mucho frío, ni mucho calor.
Empieza a llover, gotas de lluvia.
Hay muchas flores, llueve y hace sol.

Me gusta el verano.
¿Qué tiempo hace?
Hace mucho calor
y siempre sale el sol.

Me gusta el otoño.
¿Qué tiempo hace?
Hace mucho viento,
hay hojas en el parque.

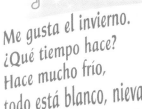 Escucha y señala.

5 ¿Qué tiempo hace? Observa y practica.

Hace viento

...y llueve

Es otoño.

4 🐶 63 ¡Así suena! Escucha y repite.

Gato y guepardo se escriben con g,
también agua, guitarra, gota y Miguel.

Sesión

 Escucha y aprende. Luego, repite.

Santiago de Compostela

San Sebastián

Barcelona

Madrid

Sevilla

Granada

Islas Canarias

¿**Dónde** vives?

Vivo en Granada.

¿**Qué** tiempo hace en Granada?

En Granada nieva.

¿**Cuándo** nieva en Granada?

En invierno.

Ahora, practica con las otras ciudades.

Aprende

¿Qué?
¿Dónde?
¿Cuándo?

7  Escucha y relaciona.

1. En invierno mi hermano y yo jugamos a la oca en el salón de casa. Nieva mucho fuera pero aquí se está muy bien.

2. ¡Hace calor! En verano vamos al río, nos bañamos y comemos bocadillos.

3. ¡Me gusta el campo en primavera! Hay muchas flores y hace sol.

4. Hoy hace viento y hay muchas hojas en el parque… ¡Es otoño!

8 Ordena las oraciones y responde.

tiempo · hace · en otoño? · ¿Qué

Mar y su hermano? · juegan · ¿Dónde

hacen · en el río? · ¿Qué · los niños

hay · muchas · ¿Cuándo · flores?

9 Escucha y relaciona. Luego, repite.

¡Mira, Germán!

¡Qué divertido!

CAMPAMENTO
MULTIAVENTURAS

21 veintiuno
22 veintidós
23 veintitrés
24 veinticuatro
25 veinticinco
26 veintiséis
27 veintisiete
28 veintiocho
29 veintinueve
30 treinta

jugar al tenis   montar a caballo

nadar   montar en monopatín

montar en bicicleta   tocar la guitarra

10 Practica con tu compañero.

¿Qué hace Santi?

Jugar al tenis.

¿Cuándo?   El 22 y el 26.

11 ¡A jugar! Necesitas:

¿Qué tiempo hace?

1

Cuenta del 21 al 30

2

¿Qué hace?

3

Las cuatro estaciones son...

6

En la granja hay...

5

Me gusta...

No me gusta...

4

Yo vivo con...

7

Mi casa tiene...

8

Lío está...

9

El lunes tenemos...

12

Di estas partes del cuerpo.

11

¿Qué colores tiene?

10

¡¡FELICES VACACIONES!!

CUATRO ESTACIÓN

OTOÑO

PRIMAVERA

INVIERNO

VERANO

¡Es primavera! ¡Es primavera!

¿Puedo tomar una manzana, por favor?

¿Grande o pequeña?

Pequeña, gracias… ¡Ah! Y un bocadillo y un zumo de naranja…

Comida sana GRATIS

¿Dónde vas estas vacaciones, Santi?

Voy a Tarifa, en Cádiz. En Cádiz hace calor y mucho viento. ¿Y tú, Héctor?

Yo voy a los Pirineos con mis tíos. Ellos tienen una casa en una montaña muy alta.

¿Qué tiempo hace en los Pirineos?

Hace frío y nieva en invierno.

25, 26, 27, 28, 29, 30…

¡Bravo, Oda!

¡FELIZ NAVIDAD!

1 🐶 68 **Escucha y lee.**

En España el 24 de diciembre celebramos la Nochebuena. Las familias se reúnen y cenan juntos. El día 25 es Navidad.

En estos días cantamos villancicos, comemos turrón, adornamos el árbol de Navidad y ponemos el portal de Belén.

El 31 de diciembre celebramos la Nochevieja. A las 12 de la noche tomamos 12 uvas mientras suenan las doce campanadas. El 1 de enero es Año Nuevo.

diciembre/enero

villancico

regalos

Reyes Magos

Portal de Belén

uvas

campana

Los tres Reyes Magos: Melchor, Gaspar y Baltasar traen sorpresas y regalos a niños y mayores. ¡Es el 6 de enero!

2  69 Escucha y canta.

Campana sobre campana,
y sobre campana una,
asómate a la ventana,
verás al Niño en la cuna.

Belén, campanas de Belén,
que los ángeles tocan,
¿qué nuevas me traéis?

Recogido tu rebaño,
¿a dónde vas pastorcillo?
Voy a llevar al portal
requesón, manteca y vino.

Belén, campanas de Belén,
que los ángeles tocan,
¿qué nuevas me traéis?

Campana sobre campana,
y sobre campana dos,
asómate a la ventana,
porque está naciendo Dios.

Belén, campanas de Belén,
que los ángeles tocan,
¿qué nuevas me traéis?

3 Haz una felicitación de Navidad.

Necesitas: -

cartulinas

lápices
de colores

tijeras

EL CARNAVAL

1 🐾 70 Escucha y lee.

El carnaval en España es una tradición importante. Es una fiesta alegre y divertida. El carnaval se celebra en invierno, en el mes de febrero.

Hay carnavales en muchas ciudades españolas. Los más famosos son los de Cádiz y Tenerife. La gente canta y baila en la calle. Niños y mayores se disfrazan y llevan máscaras.

Durante el carnaval tenemos pasacalles y desfiles. Hay concursos de disfraces y canciones. ¡Es una fiesta llena de música y de color!

2 Completa.

1. El carnaval es una fiesta muy…

2. El carnaval se celebra en…

3. Los carnavales más famosos son los de…

4. Hay concursos de… en carnaval.

3 Crea tu máscara.

1. Elige tu animal.
2. Dibuja y colorea.
3. Recorta y pega.
4. Pon la gomilla.

Necesitas:

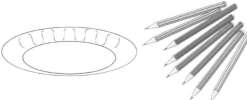 

un plato de
plástico o cartón

lápices de
colores

tijeras

pegamento

gomilla

cartulina